rwbsrwbsrwbsrwbsrwbsrwbsrwbsrwbsrwbsrwbsrwbsrwbsrwbsrwbsrwbsrwbsrwbsrwbsrwbsrwbsrw

Mir platzt der Kragen !

... die tägliche Wahrheit und weitere, heitere Tatsachen

AF723682

Heitere Kurzgeschichten und Gedichte über Büroh, Fammilie, Liebe, Essen, Sexxx und ??? (war da sonst noch was ?)

Ach ja: Rechtschreibfeler ! – wenden Sie sich an meine Leerer !!!

Kontakt: r.w.b.s.-Autorenkomitee
Rainer Binder, Pf. 1209, D-55435 Gau-Algesheim
Walter Schenk, Pf. 667, A- 4020 Linz/Donau

homepage: www.rwbs.de

Bestellungen: über www.libri.de **oder jede Buchhandlung**

Druck: LIBRI / Bestell-Hotline 0049-4053433583

rwbsrwbsrwbsrwbsrwbsrwbsrwbsrwbsrwbsrwbsrwbsrwbsrwbsrwbsrwbsrwbsrwbsrwbsrwbsrwbsrw

Mir platzt der Kragen !

Die explosive FÜLLUNG:

Keine Weisheit – Tatsache !

Wem der Kragen platzt,

der hat entweder

ein zu enges Hemd an

oder

bald keinen Job* mehr !

* wobei Job, Frau, Familie, Freunde, etc. austauschbar sind !!!

In ausweglosen Situationen
muß man eiskalt einen kühlen Kopf bewahren,
nicht aufgeben und zielstrebig –
- äh, ja wohin denn jetzt?

Fragen Sie mich!

Waren sie schon mal „Am Brand?"
Wo der ist? - na in Mainz, so wie keinz!
Also, ich war da „Am Brand" und blickte nicht mehr durch! Umringt von Kaufhäusern, Shops und Banken suchte ich den Weg zu meinem geliebten Auto; ich liebe es so, weil es überall auf mich wartet, wo ich es stehen lasse (anders als bei Frauen!). Aber wie mitten in einem Spinnennetz verzweigten sich Treppen und Gäßchen nach irgendwo - und da stand ich nun, ein Gesicht wie nach einem Frontalzusammenstoß mit meinem morgendlichen Spiegelbild.
Mir war schon ganz schwindlig und schlecht. Da kam es, das Sandwich! Live! Eigentlich war es ein Pensionist, der vorne und hinten ein riesiges Schild hatte:
„Fragen Sie mich!" stand da ganz banal drauf. Endlich jemand, den ich fragen konnte! Er grinste mich bereits ermutigend an mit seinen drei Zahnlücken - was für eine putzige Idee von der Stadt, dachte ich noch.

„Können Sie mir sagen, wo mein Auto steht? So ein dunkelgrünes mit vier Rädern?"

Er lachte mich an, siegessicher, drückte mich mit seiner verschrumpelten Hand und den angeknabberten Fingernägeln väterlichst am Arm. Und nickte!

„Ja? Sie wissen, wo mein geliebtes Auto steht? Wo?"

Da nickte er erst recht, immer öfter, das ganze Sandwich klapperte wie bei Windstärke zehn.

„Ja - also, wo?" wurde ich ungeduldig.
Er nickte noch immer, aber jetzt öffnete er endlich auch seine bartbestoppelten Lippen:
„Mein lieber junger Freund, Gott ist überall, wo du auch frägst, überall!"

Wollte er mich jetzt ......???
„Ja, ja, und wo ist mein Auto?"
„Gott allein weiß es, und ich bin sein Diener!"
„Aber Sie sagten doch, Sie wüßten, wo mein ...."
„Zweifle nicht, junger Freund, Du mußt nur daran glauben! Glaube fest an die Herrlichkeit, und auch Du wirst Dein Auto finden - Gott ist überall!"

Die spinnen, die Sandwitschmänner!!!
Der hat sie doch nicht mehr alle, total verkalkt, ich laß mich doch nicht von so einem Sektenguru verarschen --- na, dem werde ich -- aber da war er weg. Wohl in den Himmel gefahren!
Während ich mich noch über die Unverschämtheit, mir mein Auto vorzuenthalten ärgerte, hatte ich unwillkürlich zwei Blatt Papier und Filzstift aus der Tasche gezaubert und **„Fragen Sie mich!"** draufgeschrieben.
So tappte ich „Am Brand" auf und ab.
Dann kam eine Studentin-Hausfrau (eine Mischkulanz):

„Bitte können Sie mir sagen, wo ich hier telefonieren kann? Wissen Sie, ins Ausland nämlich. Meine Schwester wohnt in London, sie kommt morgen um 16.25 Uhr und da bräuchte ich dringend...“
„Liebe Frau" unterbrach ich sie *„Gott ist überall, fragen Sie mich!"*
„Ja - ich frage Sie ja, wissen Sie, dort bei der Apotheke ist zwar ein Telefon, aber nur für Inland, von da aus kann man nicht über das Meer telefonieren!"
„Liebe Frau" erklärte ich ihr freundschaftlich, *„sehen Sie dort hinten, dort steht eine echte Londoner Telefonzelle, sehen Sie - dieses hübsche, rote Häuschen - ja?"*
„Ach - das ist eine Telefonzelle? Richtig, jetzt seh' ich's auch: eine alte, englische Telefonzelle! Kann man da nur mit englischem Pfund telefonieren, oder ..... ???“
„Liebe junge Frau!" - jetzt war ich ganz in meiner neuen Berufung aufgegangen - *„liebe junge Frau, sehen Sie, unsere Stadt hat extra aus London eine alte Telefonzelle eingeflogen, zur Stadtverschönerung. Und weil diese ja aus London kommt, kann man von Mainz aus auch zum Ortstarif nach London telefonieren, verstehen Sie? Gehen Sie schnell, junge Frau, bevor die Stadt das merkt!"*

Da eilte sie davon, zu ihrer Schwester nach London. Die Post darf sich nicht wundern, wenn sie von ihrem Defizit nicht runterkommt.

- Naja, vielleicht sollten sie mich fragen?!

Geht Ihnen das auch so:
da wollen Sie im Sommer eine kurze Hose kaufen (logisch, oder?)
- und kriegen nur Winter- und Skihosen.
Weil die Sommersaison für die Geschäftsleute ja vorbei ist.
Also ist sie für den Kunden auch vorbei (logisch, oder?).
Dann stehen Sie da, wie der Schneemann in St. Tropez am Strand
und werden bestaunt als wäre Silvester
erstmals auf den 30. Februar gefallen.
Ich war in Mainz zu dieser Zeit
und mir ging es genauso (logisch, oder?)

Mainz bleibt Meeenz ......

„Na, Ostern steht ja vor der Türe!"
Dabei hatte ich die Verkäuferin nur vorsichtig gefragt, warum der Osterhase ausgerechnet an Fastnacht aus dem Schaufenster grinst, so absatzgierig in-die-Tasche-springend!

„He, nimm mich mit, kauf mich, friß mich!"

Was denn, was denn, wieso sollte ich? Wäre ja noch schöner, um diese Zeit! Noch nicht mal Weihnachten verdaut und schon Ostern! Nein, mit mir nicht. Ich laß mich doch nicht von denen verarschen, wer bin ich denn? Also .... so was!

Aber kaum einen Schritt weiter wartet schon sein großer Bruder - der mit den drohenden Augen; der, der ohne seine Goldfolie bloß wie Old Santa Claus in der Nachsaison aussieht! Tarnung ist schließlich alles!

Abrupt muß ich stehenbleiben. Mein schlechtes Gewissen kreischt, eingeklemmt zwischen Oster-Bruder und tausenden von Geschwisterhäschen. Eine liebe Familie, wie putzig!

Fünf Mark neunzig, dreiundneunzig, - uh - neunundneunzigneunzig sogar;mittlerweile guckt die neu-gierige Verkäuferin bereits wie neunhundertneunundneunzigneunzig, ihr Gesicht ist zur Osterhasenmutter verschmiert - und ewig lockt das Weib!
Schon stürme ich mit dreifachem Ostergeläute durch die Türe, schon öffnet sich mein Mund, eierbunt, schon sind mir „*Frohe Ostern!*" entschlüpft, im selben Augenblick bin ich wieder draußen!

Nichts wie weg!

Der Blick, mein Gott, der Blick, mit dem sie mich eben beworfen hatte - als wäre Weihnachten mit Pfingsten kollidiert!
Im Davonrennen drehe ich mich vorsichtshalber gehetzt um, ob mich auch nicht der große Osterhasenbruder verfolgt; hinter mir scharen sich die Eierköpfe, links und rechts wimmelt es von Häschen zu einsneunzig aber dort vorne, endlich, - geliebter Schwellkopf!
Es geht doch nichts über Fastnacht, solange man nicht als Osterhase verkleidet herumlaufen muß!

In dem heutigen Paragraphen- und Bezeichnungsdschungel
ist der Otto, der Normalbürger, hoffnungslos verwirrt.
Selbst das Gesetz blickt nicht mehr durch seine eigenen Irrwege.
Da muß man sich schon selbst zu helfen wissen!

DIN - A - Banane

Haben Sie in einem gewöhnlichen Tante-Emma-Laden schon jemals Lokalverbot bekommen? Ich schon.
Nein, das finde ich gar nicht lächerlich. Man hat mir einfach verboten, je wieder dort einzukaufen. Einfach so. Gleich um die Ecke bei Kreißler's. Dabei weiß ich noch nicht mal warum!

Die kleine Brünette mit dem verführerischen Schlitz im Arbeitsmantel fragte mich beim letzten Einkauf, was ich denn bekäme. Ehrlich, ich wollte auch bloß:

Zwei Liter Schwarzbrot, achtzehn Kubikmillimeter Butter ohne alfa-Fettsäure, fünf Sekunden Milch vom Ochsen, zwanzig Millibar Salami gemahlen, einskommasiebenvierzwo atü Schonkaffee strahlenfrei, sieben Gramm Creme fraiche in Scheiben, ein Grad Emmentaler Käse mit acht Löchern (10 wären auch ok, man ist ja nicht so!), fünfzig Joule kondensiertes Erdbeergelee, hundertzehn Volt Naturzucker, drei Kilowatt gekochte Kartoffel, ja, und dann noch bitte ..... eineinhalb Meter Bananen ohne Schale, das wäre alles!

Die Kleine wurde knallrot und fragte mich allen Ernstes, ob ich sie verkohlen wollte.

„Einen Meter Bananen, so ein Blödsinn!“ ereiferte sie sich und sprengte beinahe ihre Bluse. Geduldig erklärte ich ihr:

„Aber das macht man doch überall so ! Sehen Sie, Fräulein: hier ist das Metermaß, das legen wir ausgerollt auf den Ladentisch. Jetzt legt man die erste Banane bei Null an und biegt sie gerade. So, sehen Sie? Dann legt man an das Zipfelchen die zweite Banane, biegt sie schön gerade, das sind dann schon zweiunddreißig Zentimeter, und so weiter!"

Sie hatte es endlich kapiert, man muß nur richtig erklären können und nicht gleich die Geduld verlieren. Schließlich war sie ja noch Auszubildende.

Als ich danach die fünfundzwanzig D-Mark Rechnung mit zwölf Euroschecks und dreizehn Kredit-Karten bezahlen wollte, rief sie nach der Frau Chefin. Und die schmiß mich einfach raus.

„Lassen Sie sich bloß nie wieder hier blicken!" kreischte sie mir nach. Ja, wenn sie mein Geld nicht wollen .... seither kaufe ich im En-Gros-Supermarkt am anderen Stadtende ein.
Das ist auch viel billiger.
Allerdings habe ich jetzt diesen Prozeß am Hals wegen mutwilliger Beschädigung von Verpackungen und vorsätzlicher Umweltverschmutzung. Das ist zwar unangenehm, aber .... wie wollen Sie denn sonst zu fünf Sekunden Milch kommen???

präPOTENTZ

Mich dürstet nach Kaffee.

Die Autobahn ist frei (und willig)
Geschwindigkeitsbegrenzungsschilderunbekannt
Ampeln farbenblind
Parkplätze mein,
sowieso.

Schorsch, der Oberkellner,
wartet schon am reservierten Stammtisch mit der Tageszeitung
auf mich,
Glas Sekt krieg ich noch !
Wie spät ist es ?

Zahlen !
Wo, eigentlich, sind die anderen alle ?

HOPPLA !

Jeder, der meinen Bruder Schorschi und sein pfadfinderisches Talent kennt, wird mir das alles nie und nimmer glauben!
Trotzdem und genau deswegen ist es wahr, und genau so ist es...

Unglaublich: Schorschi heiratet!

Er wollte doch wirklich heiraten!
Schorschi wollte heiraten, allen Ernstes...... bei allem was er bisher geliefert hat war das echt das Schärfste, das Größte, das aller-aller-..., na der **Hit** eben! Ich hatte natürlich nichts Besseres zu tun, als postwendend meinen Kollegen Waldi anzurufen:
„Du, Burschi, weißt du, was passiert ist?“
„Schorschi hat sich verfahren.“
„Quatsch, das ist ja normal. Noch besser!“
„Er hat sich nicht verfahren!“
„Das wäre ja schon ein Wunder! Nein: er will heiraten!“

Da war die Leitung plötzlich tot.

„Waldi! Waaaaaaldi!“
Es läutet an der Wohnungstüre.
Waldi.
„Das müssen wir besprechen!“

Und so geschah's: wir zitierten Schorschi zum Appell und erklärten ihm unsere Strategie, um seine Hochzeit zum lebenslänglichen Ereignis werden zu lassen.

Waldi: „*Also, das ist ganz einfach: du gibst uns die Liste der Leute, die du einladen willst, wir schicken dann an jeden einen Zahlschein über 1.000 Schilling - die Quittung der Bank gilt dann als Eintrittskarte! Auf die Tour kommen erstens weniger Gäste und zweitens hast du gleich die ganzen Kosten herinnen!*"

Schorschi sah zwar ein wenig unglücklich aus, aber etwas Bessseres fiel ihm gerade nicht ein. Ich ersparte ihm dann weitere Sorgen:
„*Wenn du in Konradsheim kirchlich getraut werden willst, dann reservieren wir im Umkreis von 50 Kilometern alle Kirchen. Das Buffet wird gleich am Altar aufgebaut, dann geht das in einem. Falls du dich verfahren solltest stehen überall die Pfarrer vor der Kirchentüre, mit Deinem Hochzeitsfahndungsfoto in der Hand und warten - also getraut werdet ihr auf jeden Fall! Nur wo - das ist dann die große Überraschung für alle Hochzeitsgäste!*"

Schorschi sah jetzt schon ein wenig beruhigter aus, er meinte nur:
„...ja, schon... aber ich muß erst meine Frau fragen...!"

Er hat gefragt.

Und dann war es soweit:
Der 88jährige Pfarrer in Konradsheim fragte:
„*Willst du, Schorschi...?*"
Und schwupps, war er verheiratet - Schorschi, nicht der Pfarrer. Und ich, als getrauter Zeuge, durfte nachher noch mithören, wie Schorschi den Pfarrer in der Sakristei fragte:
„*Wieviel bekommen sie denn jetzt als Trinkgeld?*"
Die Ministranten heulten vor Freude, der etwas senile Pfarrer verschluckte sein Gebiß und ich suchte einfach nur das endlose, heilende Weite.

Wir mußten ja noch vom dem Hügel, auf dem Konradsheim erbaut war, hinab und hinauf auf den Hügel Windhaag, wo die Festmähligkeiten stattfinden sollten. Durch Windhaag führt nur eine Straße, links und rechts davon steht je ein Wirtshaus, frontal geradeaus lockt die Kirche, wo der Pfarrer schön brav auf Schorschi's wartete.

Im linken Wirtshaus sollte Schorschi täfeln, im rechten war zufällig auch eine Bauern-Hochzeit.
Wir hatten hatten natürlich bereits im rechten Wirtshaus zu essen angefangen und unterhielten uns blendend mit den anderen Hochzeitsgästen die Schorschi überhaupt nicht kannten. Aber Schorschi klärte den Irrtum sofort kurz vor Mitternacht auf und alle aßen dann im linken Wirtshaus weiter. Mit vollem Magen und ein paar Fläschchen Wein vermischten sich die beiden Gesellschaften zu einer fröhlichen Doppelhochzeit und keiner wußte mehr so genau, auf welcher Hochzeit er eigentlich tanzte.

Die beiden Bräute strahlten in Grau-raus-Weiß-rein, die beiden Bräutigämmer dunkelten Blau-in-Schwarz vor sich hin - und wer mit wem die Hochzeitsnacht bestritten hat ist überhaupt noch völlig ungeklärt.

Ich konnte das Ehepaar Schorschi bis heute nicht fragen, sie sind ja gleich am nächsten Morgen auf Hochzeitsreise nach Sri-Lanka geflogen....!

Und statt ihrem Gepäck haben Schorschi's ihre Hochzeitsgeschenke mitgenommen ......

Herzlichen Glückwunsch und vor allem Gute Reise!!!

Warum sind Männer in einer Ehe immer
die schwächeren Kreaturen ???
Das ist eben so, weiß ja jeder –
bis auf Schorschi allerdings,
der weiß von nixxx !

SEXXX

Schorschi ist ja mittlerweile ein verheirateter Mensch mit allem Trumm und Tran, also Wohnung, Kinder, Katze, Frau und so ....
..... und nach Monaten der Entbehrung wegen Kinderkriegens darf natürlich irgendwann das Liebesleben auch nicht zu kurz kommen!

Er (Schorschi !) steht in voller Pracht seiner blassen Natur auf dem ehelichen Doppelbett, hüpft auf und ab und ruft dabei lauthals nach seiner ehelichen Frau:

„Puuutzilein ! Puuuutziiileiiiiin! Wo bist du denn? Puuutzilein!"
SIE rührt sich keineswegs.
„Pu-tzi-leieieieiein, Puuuuuutzizizizileihein !“
Er steigert sich verbal in sämtlich denkbare Putzi-Variationen inklusive aller verfügbarer Atemtechniken:
„Pu-huhu-tztzt-i-i-ih-Pupu-tzitzi-Pu-hu-hu...... “
Das Bett quietscht bereits bedeutungsvoll unter Schorschi‘s aufstöhnenden Lust-Sprüngen.
„Puuuuuuhuuuu------"
Da reißt SIE erbost die Türe auf:
„Was brüllst‘ denn so ?“
„Komm her Putzilein, laß mich dein Putzi sein !“

„Bist jetzt komplett deppert word'n? Mir ham schon zwa Kinder, mit dir san's drei, des reicht , mehr brauchen mir nicht !“
„Geh, Putzilein, bleib doch da !“
SIE dreht sich um die eigene Achse bei der Türe hinaus, windet aber den Kopf noch einmal in das eheliche Geschmach und bewirft Schorschi mit einem gelangweilten Blick und den Worten:
„Ich geh jetzt eine Brettljaus'n essen - weil von deinem Puhutzilein wird heute eh niemand mehr satt !“
„Nein, na geeeeeeehhhhhhhhh . . . .!“ ruft Schorschi noch leidend hinter ihr her bevor die Türe zuknallt und ein berstender Krach die Gedanken an eine eheliche Pflicht zerstört.

Das arme Bett hat Schorschis Hüpferei nicht mehr verkraftet, das Bettgestell ist in der Mitte zersplittert und das Gitter in seine Einzelteile gesprengt - Schorschi mittendrin, im eigenen Bett am Boden zerstört !
„Puhutzileihein .... !“
SIE erhört sein Flehen und antwortet immerhin:
„Na also, das war die größte Explosion die dein Putzilein je erlebt hat, das reicht ja a Zeit lang, also gib jetzt endlich Ruh !!!“

Er ist mein Bruder;
das verstehe ich schon überhaupt nicht:
Und es ist ihm NOCH nicht passiert,
und Sie wissen es, und er weiß es nicht :

Das hätte auch Schorschi passieren können !

Er bestellt Schweineleber.

Er bekommt Hühnerleber..

Er will Schweineleber bezahlen.

Es wird ihm Hühnerleber verrechnet.

Ihm wird auf Hühner1eber schlecht.

Er sieht aus wie Schweinsleber.

Er hat ganz einfach Pech!

Es ist oft ein Vorteil, wenn man einen berühmten Namen hat, wie ich, wenn mich jemand nach meinem Namen fragt, sage ich: „SCHENK, wie der OTTO, nur nicht so berühmt!"

Ein Name verpflichtet

In grauer Vorzeit, als ich anfing Geschichten zu schreiben und diese auch an verschiedene Zeitungen und Verlage verkaufen wollte, hatte ich immer das Glück, nachdem ich mich vorgestellt hatte, sofort mit dem Chefredakteur über meine Geschichten plaudern zu dürfen:
„Mein Name ist Schenk, wie der Otto, nur nicht so berühmt!"
Am Anfang dann immer die gleiche Frage:
„Sie sind der Sohn von Herrn Schenk?"
Blöde Frage, natürlich bin ich der Sohn von meinem Vater.
Als Antwort hörte ich dann immer:
„Ihre Geschichten sind nicht schlecht, aber leider... wir können sie nicht nehmen, das wäre unfair gegenüber ihrem Herrn Vater."
"Was hat mein Vater damit zu tun?" wollte ich wissen.
„Sehen sie, Herr Schenk, wenn wir ihre Geschichten veröffentlichen, dann sagen alle: klar, wenn der Sohn vom berühmten Otto Schenk Geschichten schreibt, wird das sofort gedruckt! Das müssen sie verstehen, Herr Schenk, das wirkt sich negativ für ihren Herrn Vater und für sie aus, und das wollen wir doch alle nicht!?"
„Ja, aber wissen sie, lieber Herr Chefredakteur, mein Vater heißt Robert und ist Oberstleutnant."
„Was!?! Ihr Vater ist nicht der Otto Schenk?"
„Nein, Herr Chefredakteur."

„Und Sie stehlen mir hier meine Zeit, Sie falscher Sohn Sie! Hinaus mit ihnen, Sie Schreiberling!“
„Aber Herr Chefredakteur, Sie haben gesagt die Geschichten sind gut und ......”
„Die Geschichten? Ihr Name ist gut - und jetzt hinaus mit ihnen!“

Ja, ein berühmter Name ist nicht immer ein Vorteil......

PLAGIAT

Seit heute gestern
zerbreche ich Trümmer
wegen grundlos

Meine Entscheidung ist unentschieden gefallen
zugunsten
Nachdenkens

Mißmut über das
alltäglich sonderbar Gleiche
hat diese Entscheidung
(un)maßgeblich
beeinflußt

Doch sie ist unwiderruflich gefallen
remis, patt, unabänderbar
zu keinen Gunsten

durch mein Zerbrechen

Seit heute

bin ich wegen gestern

grundlos
    zertrümmert

Die SZENE:
Ein großer Mietshausblock, umgeben von anderen.
Zwei ältere Hausfrauen lehnen (wie anscheinend jeden Tag)
an ihren nebeneinanderliegenden Wohnzimmerfenstern;
die eine putzt dabei mit einer Hand unsichtbare Fenster,
die andere wischt ihre Fensterbank zu Tode,
während sie sich unauffällig tuschelnd miteinander unterhalten:

Nachbarn!!!

Kennen Sie den Nachbarn im Erdgeschoß? / so ein Dicker mit Vollbart und Brille / und da kommt auch immer einer mit einem großen Koffer / was machen die denn? / direkt unheimlich ist das / ***ich fürcht mich so*** */ der mit dem Koffer ist schon wieder da / sicher bleibt der über Nacht / was passiert denn da? / ich glaub die sind schwul / ich trau mich gar nicht mehr aus dem Haus / die Jalousien sind immer unten / man sieht ja gar nix /* ***ich fürcht mich so*** */ ständig schleppen die einen Haufen Sackerln in unsere Mistkübeln / was schmeißen denn die immer weg? / und dann diese Weiber / jeden Tag kommen andere / ich hab 'glaubt die sind schwul / die eine hab ich schon öfter gesehen / lauter so junge Dinger / aber die eine kommt plötzlich nimmer / ich kenn mich gar nicht aus / ich fürcht mich so / vielleicht sind das Verbrecher / oder vom Geheimdienst / jetzt geht der wieder mit seinem Koffer / ob der nur Knast-Urlaub hat? / ein Sexualattentäter /* ***ich fürcht mich so*** */ man ist ja seines Lebens nicht mehr sicher / in der Zeitung waren die auch / war das ein Fahndungsfoto / gesucht werdens / den ganzen Tag hört man ja nix / die gehen erst fort wenn ich schlafen geh / ob die lichtscheu sind? / um fünfe in der Früh schleichens wieder ins Haus / Nachtwandler /* ***ich fürcht mich so*** */ der eine telefoniert immer im Auto / mit wem denn? / was macht denn der? / schauns, schauns:*

jetzt kommt der mit dem Koffer mit einem anderen Koffer / ob das Schmuggler sind? / man erkennt ja nix / ***ich fürcht mich so*** */ sollte man nicht die Polizei verständigen? / Mordkommission / Rauschgiftdezernat / der Komissar muß her / die Frau Berntschlager aus der Nebenwohnung hat eh schon bei denen angerufen / falsch verbunden habens g'sagt / am Schlüsselloch versteht man auch nix / und lachen tun's immer so gemein / richtig grausam sind die ja /* ***ich fürcht mich so*** */ man traut sich gar nicht mehr aus dem Haus / richtig gefangen ist man da / weil man nicht weiß was vorgeht / was die machen? / da: jetzt geht der mit dem Koffer wieder ohne Koffer fort / und der andere telefoniert im Auto / was machens denn? /* ***ich fürcht mich so*** */ jössas - da - im Fernsehen / ah da schau her, das sind die ja / Politiker / Schauspieler, so kabarettistisch / hab ich ja immer g'sagt / berühmt sind die / freilich / sag ich Ihnen ja immer / bei uns im Haus wohnt schließlich nur Prominenz / hab ich ja immer g'sagt / grüßi die Herren / Wiederschauen, Excellenz / Wiederschau'n / und toi, toi, toi fürs Theater / Wiederschau'n / Wiederschau'n...*

Das wahre Leben spielt sich nur an Feiertagen ab.
Natürlich auch im unvermeidlichen Wirtshaus, nach der Kirche.
Das muß einfach sein, verstehen Sie,
sonst wären ja hunderte von gesellschaftspolitischen
Jahren völlig umsonst gewesen!

Die Auferstehung

Ostersonntag. Alle Frauen und Kinder sind in der Stadtpfarrkirche. Die Männer und Bauern haben schnell ihre Biere bei den Stadtwirten getrunken. Jetzt stehen sie vor der Kirche, weil der Pfarrer gleich fertig ist.

„Das war eine lange Messe heute!"

„Immer an Ostern, die Auferstehung geht nicht so schnell"

„Leider hab' ich nicht alles verstanden, ich hör so schlecht"

„Ich kann's Dir auch nicht genau sagen, weil ich stehe immer ganz hinten, da ist das Echo so laut."

Ein ältlicher Ministrant hat sich mit dem Klingelbeutel vor die Kirchentüre gestellt.

„Du, sag einmal, was hat denn dein Herr Pfarrer heute in der Predigt erzählt?"

„Ja, also, da habe ich gerade nichts zu tun, wenn er predigt, da sitze ich auf der Bank und schlafe meistens ein. Erst wenn die anderen zur Kommunion klingeln, werde ich wieder munter. Aber er hat was von einer Auferstehung gesagt, da bin ich muter geworden....."

Die Glocken beginnen zu läuten, die Kirchentüre wird knarrend geöffnet und die Gläubiger strömen geläutert heraus.

„Na, mein Sohn, hast du auch alles heute über die Auferstehung verstanden?"

„Alles nicht, Papa..."

„Ja weißt Du Bub, das ist natürlich alles nur bildlich gemeint in der Predigt, gell Mutti? Aber jetzt gehen wir auf ein Bier und Du kriegst eine Cola, das haben wir uns verdient!“
Und wie jeden Sonntag gehen die Männer am Ostersonntag in die Wirtschaft auf ein Bier, die Kinder dürfen halt auch mitgehen. Nur die Frauen wollen nach Hause zum Kochen, weil sie nämlich kein Bier trinken, außerdem raucht es ihnen im Gasthaus zu viel. Und einer muß ja schließlich kochen...

Ostersonntag.
Die Männer sitzen mit den Söhnen im Wirtshaus, die Frauen und die Töchter kochen zu Hause. Und beim Essen sind sie alle wieder eine Familie. So ist das Leben.
C’est la vie! (Tschest la vieh - wie die Italiener sagen ....)
Ich gehe jetzt auch auf ein Bier.
Kinder habe ich ja keine, sonst würde ich sie ja mitnehmen - aber nur am Ostersonntag, verstehen Sie?

WARUM ALSO FRAGEN

Einstein, Zweistein, Gebirge

Ob er wohl ein Genie wäre?

Mondkühe könnte er auch nicht melken.

Warum also fragen.

Einstein, Zweistein, Meilenstein.

Auch an ihm wäre der Fortschritt nicht gescheitert.
Warum auch?

Einstein?

Zweistein?

Keinstein?

Viele Steine sind ein Berg.

Viele Berge sind ein Gebirge.

Viele Gebirge sind ein Erdteil.

Viele Erdteile sind unser Planet.

Und ich bin auch ein Stein ....

Eingebirge, Zweigebirge,
ich spinne.

Speziell im Büro muß die Devise lauten:
man kann ja nicht alles verstehen !
Oder ?

Irgendwann platzt mir ...

Ich kapier's bis heute nicht:
die Sekretärin ist strohdoof, der Chef entscheidet bodenlosen Unsinn, meine Kollegen denken nicht weiter als bis zum nächsten Essen und bis andere Abteilungen reagiert haben ist sowieso alles zu spät !

Nur bei mir ist das anders: ich ochse wie blöd von früh bis spät, kümmere mich einfach um alles, denke für jeden mit und kriege absolut nichts geregelt weil alle anderen pennen !

Fazit: der Laden läuft einwandfrei.

Und ich weiß nicht, wie ! Seit fünfzehn Jahren ! Irgendwann halte ich das nicht mehr aus, mir platzt noch der Kragen hier in diesem Irrenhaus, wo soll das noch hinführen ???

Fragen Sie mich das in fünfzehn Jahren, ich habe jetzt Feierabend !

Viel darf ich ja nicht aus meinem Berufsleben ausplaudern.
Erstens kriege ich sonst Ärger mit dem Sicherheitsdienst
wegen der Firmengeheimnisse und so ....
und zweitens dürfte ich dann sicherlich anderswo arbeiten.
Deshalb sind die hier erwähnten Tatsachen
selbstvernatürlich
erstunken und erlogen - was denken Sie denn???

Bürohengste

Wer nicht in einer (in seiner!) Firma arbeitet oder wer nie in einer Firma gearbeitet hat, der kann sich dieses Gefühl überhaupt nicht körperlich und geistig vorstellen! Schließlich verbringt man als arbeiten-müssender Mensch fast sein komplettes Leben am Arbeitsplatz.
Zu Hause schläft man, ißt man oder hat Krach mit seiner Mitbewohnerin (Sie merken hier schon meine diplomatische Vorgehensweise !). Manche kaufen auch für ihre zweite Freundin ein, aber das sind dann schon Besserverdiener wie Abteilungsleiter oder noch Ehrfürchtigeres. Und ist man endlich im wohlverdienten Ruhestand <falls es dann noch so etwas wie ein Rentenalter gibt>, wird man Stammgast beim Onkel Doktor, wer weiß wie lange. Natürlich nicht jeder, klar, einige sterben auch gleich.

Lustig ist das Arbeitsleben nicht, aber sehr belustigend - überaus belustigend sogar:

„Mein Chef, der hat vier Ecken, vier Ecken hat mein ...“

- nein, Quatsch – aber manchmal fühlt man sich schon wie im Kuriositätenkabinett.
Ich könnte stundenlang beim Mittagessen sitzen - sitzen!
Nicht wegen dem unvergleichlichen Kantinenessen - wegen der seltsamen Figuren, die sich dort ihr Stelldichein geben:

Der ellenlange Hans, 2 Meter 70 oder so, spindeldürr, ein Kropf wie ein Fischreiher mit Stein im Hals; schwarzer Einheits-Anzug, der durch seine kurzen Ärmel und Beine unauffällig die Größe betont und etwas *oversized* ist; über seinem Quasimodo-Buckel hängt als Karrikatur der Kopf mit seinem Edelzinken als Zugabe.
Und Hans ist ständig am Quasseln. Manchmal fliegt er auch der Länge nach hin, wenn er sich nach dem Eßtablett bückt und dabei angerempelt wird. Er kriegt dann immer heiße Ohren

Hinterm Hans wackelt Frau Gspusi einher: vor Jahren war sie die Geliebte eines geliebten Kollegen, das weiß ja jeder seit dem Betriebsausflug. Und heute tut es ihm leid, aber das hat jetzt üüüüüüüüberhaupssst nichts mit ihrer erweiterten Leibesfülle zu tun! Mein Gott, sie ist eben ein wenig kompakter geworden in den letzten Tagen, na und? Die beiden werfen sich geheime Blicke zu, das heißt: sie wirft und er weicht aus und jeder grinst dann, weil ja niemand etwas weiß. So sind Kollegen eben!

Eine Horde von Amerikanern quaaakt vorbei (Gänse quaken ja auch und die verstehe ich ebenfalls nicht). Wir sind schließlich eine internationale Firma. So international, daß nur mehr der Deckname einheimisch ist. Dabei sind diese mehrsprachigen Kammerspiele („Meetings" heißen sie) eigentlich ganz lustig!

„Wie händl'n wir dieses Problem?"

„Wir initiieren einen sales-chart, checken wo wir out-of-stock gehen und changen dann die estimates!"

„Okay, sonst noch what?"

Und wir sind so schlau wie vorher, Wiederseh'n, beim nächsten meeting!
Meine augenschweifende Kollegin singt mit vollem Mund:
„Sie ist ein 30-Tonner-Diesel, und sie glaubt, sie sieht gut aus ...“, weil die Walküre (=Oberchefsekretärin!) aus dem achten Stock angewalzt kommt. Immerhin sitzt sie seit 26 Jahren auf dem gleichen Stuhl, ununterbrochen - naja, fast ununterbrochen! Von der Seite sieht sie noch ganz manierlich aus, etwa wie Marilyn Monroe und Fritz Eckardt zusammen, so ein bißchen quadratisch eben, nur von hinten .... wie eine Gruppe Bauchtänzerinnen im Hula-Hopp-Schritt!
Ich war ja derart fasziniert, daß ich mir die Kantinensuppe mit dem Blechlöffel hinter's rechte Ohr goß. Die Nudeln blieben am Hemdkragen hängen, die Suppe floß bis in die heiligsten Teile meiner Hose. Und mein vollbusiges Gegenüber patschte vor Freude mit dem Löffel in den Teller .... die Sauce im Dekollete war echt zu beneiden. Höflicherweise (was Tschentlmäns eben so sind) wollte ich ihr die zwischen den Dings.... - naja, eben die Tropfen ablecken - schade, da war es dreizehn Uhr.
Mittagspause war rum vidibum.

Mein Chef lag nun wie immer voll und faul in seinem Sessel, da mußten alle anderen natürlich mehr schaffen. Aber in der nächsten Mittagspause können Sie mich dann besuchen, da stelle ich Ihnen ein paar extrem weibliche Kolleginnen vor .... mmh, lecker - gegenüber dem Kantinenessen, Mahlzeit!

When you are malooching in an ausländisch firma
and all spiek Englisch you must also do so.
And if you do not do so you become ....

Trouble with se boss !

I sit in my office
and kenn me not out,
my boss comes „What is ???"
and cries very loud.
He looks on my Schreibtisch
but there is nothing drauf
but only my goldfish
and -
-
- **he eats him auf !!!**

I think I trust my eyes not
and jump off like se blitz !
Oh what a hirnless idiot -
and pack my boss on the Schlips:
„Spuck sofortly my goldfish out,
you comic of the Seven Zwerg's,
or you see the Sauerkraut
from hinter the seven Berg's !!!"

But it was too late.

By boss had schlucked my goldfish !

Before Wut I can not longer wait
and jump on the Tisch,
pack my boss
and nail him on the Deckenlamp'
in my Frust,
the old Schlamp' !

It is me completely wurst
how long he hangs here,
from me out bis he stinks !!!

So, belive me:
NO BOSS EATS MY TIER –
or it is the last what he thinks !!!

Eine internationale Firma muß total international sein und auch internationale Mitarbeiter haben die sich international verständigen können - so wie ich, klar !

Der total internationale Touch

(wie üblich klingelt das Telefon in irgendeiner Fremdsprache)

◆♒□ ♓◆ ◆□♏♋♎♓■♑ ◆♋◆ ◆□●●♏ ◆♓♏ ✍

„Hello – kän I speak to Mister Maikl Olegatis ???“

„Ah, Mister ..... ◆□♏♋♎♓■♑ .... moment please !“

„Yes, hello?“

„ ... kän I speak to Mister Maikl Olegatis ???“

„Who speaks ?“

„Maikl O....“

„Wrong number, moment please!“

◆♒□ ♓◆ ◆□♏♋♎♓■♑ ◆♋◆ ◆□●●♏ ◆♓♏ ✍

„Ah, Mister O .... ok, I connect you to .... “

„ O ... “

„Ah, hello Maikl, I ...“

„ - sorry, I am not in my office now but you kän leave me a message after the pips-tone ***..... piiiiiieps*** *! “*

„Äh ...“

Na gottseidank sind wir eine internationale Firma ohne Verständigungsschwierigkeiten !
Nicht auszudenken was da anderswo passieren würde, wenn einen die Leute nicht verstehen.....
Aber trotzdem, ganz schön anstrengend so ein Job, bye-bye, ich habe noch zu tun ..... !

Wenn man arbeitslos ist (oder Greencard-Besitzer)
verfällt man auf die absurdesten Ideen.
Und es fallen einem die seltsamsten Ausreden ein,
um die erworbene Freizeit nicht wieder aufgeben zu müssen –
und das soll einer verstehen!

Jobsuche ?

Zuerst war ich in meiner Firma arbeitslos. Monatelang.
Dann war ich richtig arbeitslos und kassierte auch kein Gehalt mehr dafür. Das Arbeitsamt schickte mich zwar wiederholt zu willigen Arbeitgebern, aber das klappte alles nicht richtig - wohl auch, weil ich nirgendwo hinging.

Die Fräulein Sachbearbeiterin / Buchstabe Bi-Br / wunderte sich sehr, daß sich bei meiner Qualifikation keine einzige Stelle fand ...., tja, ich wußte mir auch nicht mehr zu helfen. So blieben mir nur noch die täglichen Zeitungsinserate aus der Rubrik „*Verschiedenes*“ :

Traumjob für faule Leute, rufen Sie uns an!

Natürlich rief ich an:
„Ja, schön daß Sie anrufen, Sie sind genau der richtige Mann für uns, wollen Sie nicht als freier Mitarbeiter für uns tätig sein?"

„Nein, tut mir leid, ich bin nicht mehr frei, ich bin nämlich verheiratet!"

Reisender gesucht

Das wäre sowieso mein Traumjob: einfach in der Weltgeschichte umherfahren, in den besten Hotels logieren, Karibik, Rio, Hinterkirchen und so, abends die Sau rauslassen und dafür noch gutes Gehalt kriegen! Leider hatte sich die Firma Schlüsselloch-Dekor unser Arbeitsverhältnis etwas anders vorgestellt, so wurde auch daraus nichts.

Suchen kaltblütigen Terroristen

Ja, soweit war ich schon! Nur die strengen Einstellungs-Voraussetzungen hielten mich dann davon ab:
10 Anschläge pro Stunde (mit Privat-PkW) / fließend arabisch, russisch, satanische Ferse / Ausbildung auf Kalaschnikoff und Leopard II / Abrechnung stündlich.

So langsam fing ich an, seltsam zu werden; kein Wunder bei dem, was der Stellenmarkt verlangte!

Suche Kuscheltiere

Das wäre meine letzte Hoffnung! Nach einem Telefonat mit Oma Kretelka entpuppte sich dieses Inserat allerdings als Kontaktanzeige und nicht als reine Stellenanzeige.
Außerdem hätte ich sowieso nicht mit der gekuschelt!!!

Da bleibe ich lieber arbeitslos - aber glücklich!

In einer großen Firma müssen total eingespielte Prozesse greifen
um Erfolg garantieren zu können.
Wie bei uns,
speziell im Bereich der „Verkaufs-Schätzung“

So funktioniert's !

Al will 400.000
Verkauf aber 900.000
Die Planung schätzt 550.000
Marketing braucht mindestens 1,2 Millionen

Wieso?

Egal, Vivo sagt: 600.000, das gilt!

Wieso?

Daumenpeilung. Außerdem ist er der Chef.

Das ist die letzten fünfzehn Mal schon total verkehrt gewesen ...

Egal.

Wieso?

Die Produktion macht sowieso 2 Millionen

Wieso?

Daumenpeilung

Na also, funktioniert doch !

Unumgänglich, heißgeliebt und oft traininiert:
hier die allerwichtigsten

small – talks

Am-Morgen-Eintreffende:

Morgen! Moin!. Guten. Mh.
Mmm.
Hallo. Mh.. --- , - ,
(die meisten überhören das zufällig oder sehen gleich ganz interessiert wo anders hin, fast keiner kriegt die Zähne auseinander)
M .... ich gewöhn' mir's auch ab.

Im-Aufzug-vertikal-Mitreisende:

....hallo - - wohin?
Drei. Ah. Fünf. Ja. Hm.
Jaaa .....
Sooooooooo-o. Ja, tschüß dann auch.
Tsch....
(„schönes Wetter heute, bei Ihnen auch ???" ...... aber das hätte ja mindestens bis in den sechsten Stock gedauert !)

Frühstücks-Kantine-Kaffee-Klatsch:

Milch? Bitte .... Danke.
Ich habe jetzt gleich schon das erste meeting, reicht gerade noch für einen Kaffee - jaja, nicht einmal zum Frühstücken hat man Zeit bei dem Streß .... so, ich muß jetzt ....

Mittags-Tisch-Sitzende:

oooh, lecker, sieht gut aus .... ich esse lieber Salat, ist leichter verdaulich. Mahlzeit dann.
Mmh – ach wir müssen uns nachher gleich treffen wegen – mniammniam – wann haben Sie Zeit? – mnaimUhrmniam – okay, können Sie bis dahin .... mniam .....
(Beides geschluckt. Die meisten Magengeschwüre entstehen durch zu wenig Kauen und hastiges Herunterschlingen)
Mahl – Zeit, mal Zeit !

Kaffee-nach-dem-Essen-Tratsch:

Milch? Bitte .... Danke.
Ich habe jetzt gleich schon das nächste meeting, reicht gerade noch für einen Kaffee - jaja, nicht einmal zum Kaffetrinken hat man Zeit bei dem Streß .... so, ich muß jetzt ....

Nach-dem-Essen-Telefonat-privat:

Also heute ist wieder ein Streß hier sag ich dir, ich kann dir sagen .. morgens gleich die ersten meetings und natürlich müssen vorher alle Unterlagen fertig sein; dann kommt man kaum zum Mittagessen – wo sie dir noch mitten unter dem Essen Arbeit auf's Auge drücken daß du blind wirst – und dann ab ins nächste meeting, ich kann dir sagen, sag ich dir – ich möchte wissen wann ich da überhaupt was arbeiten soll, langsam reicht es mir hier in diesem Laden, klappt doch sowieso nichts, für was strample ich mich eigentlich so ab ....

Restlos-erschöpft-nachmittags:

Was? Schon 15Uhr 52 ? Ich muß ja los, habe noch einen dringenden Termin .... pffff, tschüß dann, machts gut, bis morgen dann, pfff - tschüß, ja, tschö!

Ah ja. Und tschüß!

Es ist nicht einfach im Berufsleben
immer alles voll im griff zu haben ....

BÜRO – AFFE

Schlipsträger / (war mal ein) weißes Hemd / Sommer&Winter-Schuhe / schwarze Hose (Marke Universal)

10 Uhr „ ... *shipments von gestern schon ausgedruckt?*“
Guten Morgen, so früh heute schon ? Liegt alles längst auf Ihrem Schreibtisch !
„Ah - ja - ja .....“

12 Uhr *„Ich brauche sofort ...“*
S t i l l e.
Ist wohl noch lunch-time (als Mittagspause)
„ – (offener Mund) – “

14 Uhr *„In dem meeting heute um 17 Uhr müssen wir – “*
.... leider Feierabend machen, wir sind schließlich schon seit sieben Uhr hier !
„Ah - “

18 Uhr *„Kann mir jemand ...“*
Schlipsträger schüttelt verwundert die Brille über dem offenen Mund; er hat es trotz seiner Kompetenz leider noch immer nicht verstanden !

Für den nachstehenden Arbeitsbericht danken wir den Spinnen bei der Firma
Bogdan & Krempl KG

<u>*I love my firma !*</u>

17.04.
Wie immer, Tag für Tag, arbeite ich in einem Betrieb internationalen Ranges, was soviel heißt wie:
der Chef-Konzern ist japanisch mit chinesisch-russischer Beteiligung; die 15 US-Töchter sind in europäischem Besitz und unsere Zweigniedlerlassung in Deutschland trägt die französische Flagge (auf der Rückseite belgisch).
Ich weiß zwar nicht wer mein Chef ist, aber ich berichte brav ein Mal im Monat an ihn; monthly letter (sprich *mansli ledda*) nennt er das, etwa so ähnlich wie der Brief an den Weihnachtsmann: lauter fromme Wünsche begleiten ihn!
Eigentlich produzieren wir hier in unserer subsidiary (sprich „sabsidschari", so was wie eine Filiale) Klobesen: dicke, dünne, weiße, braune......
Neuerdings erhalten wir von unserem Tochterwerk Ho-Shin auf Hawai aber tonnenweise rote Farbe und aus Kuba wurden plötzlich tausende von politischen Tonfiguren geliefert.
Naja, dachte ich, produzieren wir eben vorübergehend Gartenzwerge!
Meinem Kollegen Nobby ist das auch egal, er hat schließlich seinen Allein-ment-letter von unserem Schiff-Manager, und seine Produktions-Zahlen bleiben so oder so die gleichen.
Nur die Bezeichnungen ändern sich ein wenig, aber wer kann bei uns schon chinesisch? (und in China sitzt schließlich unsere EDV-Zentrale die hier alles steuert!)

Konkret sieht der betriebswirtschaftliche Ablauf bei uns so aus:
Nobby plant irgendwelche Zahlen die sowieso nie stimmen können und sich außerdem täglich ändern; ich bestelle daraufhin bei irgendeinem Lieferanten ein bißchen von Irgendwas (das chinesisch kann ja sowieso niemand lesen); irgendwelche Lieferanten liefern dann was sie gerade haben und das produziert unsere Produktion dann munter drauflos, so richtig mit Fließband, Toilettenpause und Betriebsferien.
Mein Chef ist zufrieden wenn er ein paar Zahlen und eine bildschöne Grafik in blau, rot und grün kriegt (in MSU = meistens sehr ungenau), die Maschinen rattern Tag und Nacht (aber nachts nur mit Frauen, Männer dürfen leider nicht) und der Verkauf hat seine Fertigware.
Alles Paletti, Wirtschaft ok.
Man muß eben nur flexibel sein.
Und ehrlich: wo ist schon der Unterschied zwischen 5000 Klobesen und 5000 Gartenzwergen ?
5000 bleiben es immer und 5000 werden verkauft, der Preis muß stimmen.
Thats life !

Heute morgen haben wir aus Indonesien gebrauchte Klobesen zurückbekommen, so an die 5 Millionen ...... tja, da stellen wir die Maschinen schnell geringfügig um und produzieren ab nächster Woche eben Zahnbürsten .... sind ja auch nur Borsten!
Hauptsache, der Laden läuft!

Sachbearbeiter wissen immer was läuft,
sie sind informiert und kümmern sich einfach um alles,
vorausgesetzt ....

zu blöd 2000

Unser neuester Artikel - BLÖTH 2000 - , wann soll der in den Verkauf ? September ! Uh – wir haben ja erst Ende Juli .....
Sind denn wenigstens alle Unterlagen dafür vollständig : CFP, NOA, IPS, DPDE, bbb2, ... ??? Was, das PFuI ist noch immer nicht unterschrieben ? Typisch, die Knallköpfe vom Marketing lassen sich wieder mal Lichtjahre Zeit und dann wollen sie vorgestern alles fertig haben - sollen sie doch selber sehen wo sie das Zeug herkriegen !
Wo produzieren wir den eigentlich BLÖTH 2000 ?
Weiß nicht ...
Und die Gesamtmenge?
700.000
Sag mal, was ist BLÖTH 2000 überhaupt ?
Keine Ahnung !
Weiß der Verkauf wenigstens Näheres ?
Nein, die haben auch schon angefragt.
Und der Chef ?
Hat der jemals schon was gewußt ?
Wer zum Teufel weiß dann was BLÖTH 2000 ist ???
Keiner.
Hm. Eigentlich zu blöd !

Im Büro geht es ja zu wie im richtigen Leben!
Man muß sich durchsetzen und anpassen gleichzeitig.
Ich mache beides: setze mich durch und passe die anderen
meinem Willen an. Und noch dazu bin ich innovativ!
Sogar aus einem billigen Wandkalender läßt sich
mitunter etwas Aufregendes schaffen.
Was will mein Chef mehr?

Einfach unwiderlegbar

Für den ewigen Kalender in meinem Büro wollte ich ewige Kalendersprüche schreiben, weil ein Kalender ohne monatliche Weisheit einfach kein richtiger ewiger Kalender ist.
Also feilte ich an unantastbar gültigen Volksweisheiten und klügelte immerewigfortwährende Tatsachen aus, die dann - gut leserlich natürlich - den Kopfteil meines Kalenders zierten:

„Kommt nach dem Dezember der Januar,
heißt der nächste Monat Februar!"

„Ist irgendwann im Februar bewölkt der Himmel oder klar,
war vorher sicher Januar!"

„Sonderbar:
Es gibt im ganzen Jahr nur ein Mal Februar!"

Doch meine 100 % beweisbare Binsenweisheit lautete:

„Ist der Januar vergangen,
hat Februar schon angefangen!"

Das ging alles nicht lange gut.
Die Kollegen beschwerten sich über die Qualität meiner unwiderlegbaren Sprüche. Das verstand ich nun aber wirklich nicht so recht, denn erstens stimmen diese ja, zweitens waren sie Jahr für Jahr immer gültig und viertens konnten sie sogar fachlich ungeschulte Kollegen ohne Seminar verstehen.
Das war einmalig in unserer Firma!
Und nicht einmal Kosten verursachte ich damit! Also schrieb ich zum Wohle aller unverfroren weiter:

„Tut der April was er will, ist er gleich vorbei.
Dann kommt der Mai!“

„Reibt man sich vor Wonne
die Hände
in der Maiensonne,
ist der April zu Ende!“

„O Mai, o Mai!
Im Juni bist du vorbei!“

Tja, und das war mein vorletzter Spruch; denn eines Morgens (nach bereits zwei Bombenangriffen mit kaltem Kaffee, drei Sprühaktionen à la Graffiti, einer Demonstration und Lokalverbot im eigenen Büro) war mein heißgeliebter Kalender verschwunden. Einfach weg. Und keiner wußte nichts, wie sonderbar.
Schade, wirklich schade!

Also echt schade - ich hatte nämlich zur Krönung schon meinen allerletzten Spruch im Jahr geistig draufgeschrieben:

„Nun ist das Jahr zu Ende gegangen...
bitte Kalender wenden und vorne anfangen!“

Warum hält man so lange auf seinem Job durch wenn man täglich auf's Neue diesem Streß ausgesetzt ist ?
Und vor allem : wie ???

Jetzt reichts !!!

Telefon klingelt Sturm / Fax piepst nervtötend / Chef schreit

Nix klappt, alles muß wieder gleichzeitig erledigt werden weil keiner wieder an irgendetwas gedacht hat – aber alle brauchen auf den letzten Drücker noch brandeiliges Zeug und am besten noch vorgestern !!!

Telefon klingelt Sturm / Fax piepst nervtötend / Chef schreit

Ja was denn noch alles ??? Ich bin schließlich nicht der Einzige der hier schafft , ja, der einzige Depp vielleicht, der so blöd ist und alles macht !

Anrufbeantworter quengelt / Fax quietscht papierlos / Chef brüllt

Dieser Scheiß-Computer spinnt auch ständig; alle Kollegen sind natürlich wie immer voll beschäftigt mit Kaffee, Zigaretten und Dauerpinkeln !

Telefon klingelt Sturm / Fax piepst nervtötend / Chef schreit

Ja, ja – ich habe nur zwei Hände, zwei Ohren und einen Mund – werde mich aber im nächsten Seminar bessern !

Anrufbeantworter quengelt / Fax quietscht papierlos / Chef brüllt

.... nie war er so wertvoll wie heute – mein Urlaub!
Und zwar ab sofort, mir reicht's - und AUS - und tschüß !!!

Telefon klingelt Sturm / Fax piepst nervtötend / Chef schreit

Anrufbeantworter quengelt / Fax quietscht papierlos / Chef brüllt

.... laß Sie nur, mir langt es nämlich endgültig, hinter mir die sprichwörtliche .... ! Sollen Sie sich doch einen anderen Blöden suchen der ihnen in meinem Urlaub den Mist macht !

klingelt/piepst/quengelt/schreit/brüllt

- und AUS!

Zu Hause, im Büro, unterwegs, nach dem Essen, zum Kaffee...
...jeder kennt sie, DIE Droge, DAS Aufputschmittel der Nation,
MEIN Albtraum: der Kaffee!!!

Alles kalter Kaffee !!!

Früh morgens, so nach zehn, bin ich sowieso überhaupt nicht zurechnungsfähig, ohne Kaffee, sonst schon - aber morgens... morgens ohne ..... !

am 19.01.: ...ich schütte Kaffee in den Filterbehälter, Wasser in den Wasserbehälter, schalte ein, warte... *blubb bllllbbb bllubb...* und schütte den fertigen Kaffe in meine Tasse und gleich wieder aus; nächstes Mal schütte ich den Kaffee erst in den Filterbehälter wenn auch der Filter drin ist - vielleicht heißt er ja deswegen so!

am 20.01.: ...ich lerne dazu, also alles langsam, mit größter Vorsicht, F i l t e r rein, ist drin! *Pffff!!! Blubb, blbbb... bllubb...* und nächstes Mal, weil er Kaffee-FILTER heißt, nächstes mal schütte ich auch Kaffee rein!

am 21.01.: ...Es reicht! Ich hole Wasser mit todernster Kaffeekanne. Filter. Drin. Kaffee. Drin. Einschalter. Drin. Ich gehe wieder. Kehre zurück nach 10 Minuten mit todernster Kaffeetasse. Gieße ein. Schütte aus. Todernst. Und nächstes Mal schütte ich das Wasser aus der Kanne auch vorher in die Kaffeemaschine!

am 22.01.: ...das Hohe Kaffeegericht ist zusammengetreten: Angeklagter, schütten Sie Wasser in den Wasserbehälter... stecken Sie den Filter in den Filterbehälter... schütten Sie Kaffee in den Filter... stellen Sie die Kanne unter den Filter... trinken Sie den Kaffee! - dann ist das Urteil: **SCHULDIG** - wegen Nicht-Einsteckens des Steckers in die Steckdose!

am 23.01.: ...ich hab das satt!!! Alles richtig gemacht, alles richtig... und dann waren diese Scheiß Bohnen nicht gemahlen!

am 24.01.: ...hihi, ‘s gibts nicht: ich hab den Kaffee in den Wasserbehälter, das Wasser in den Filter und den Kaffee in meine Tasse geschüttet! Ob sie mich bald holen???

am 25.01.: ...ich habe alles ausprobiert, alles, was soll ich jetzt noch falsch machen, was könnte ich noch vergessen?
Mmmmh, wunderbare dieser Duft von verbranntem Kaffee auf der Warmhalteplatte!!!

ab 26.01.: ...bevor mich dieser Kaffee mein letztes Leben kostet: ab JETZT trinke ich TEE, da brauche ich keine Maschine und zweitens habe ich sowieso keinen zu Hause und drittens hört er auf mit zwei “-eee”, der Teeee - - - der scheiß Kaffeeeeeeee!!!

UNZUFRIEDEN

Da gibt es wirklich so Tage,

da fällt einem absolut nichts ein,

nur die übliche Decke auf den Kopf.

Du stellst Dir immer wieder die Frage:

„Was soll das denn sein ?“

Und raufst mit der Hand Dir den Schopf.

Da gibt es wirklich so Stunden
und ich stell mir die Frage:

„Was fällt mir ein ?“

Dann faß ich mir mit der Hand in den Schopf,
verzweifelt die Decke vor Augen,

was sind das für Tage,

was soll das nur sein?

Die SZENE:
Ein sehr angeheitertes Individuum (genannt "SANDLER")
kommt in eine kleine Spirituosenhandlung,
in der Hand mehrere leere Plastiktüten.
Der etwas ältliche Spirituosenhändler macht den Eindruck
eines überlasteten Beamten und beschäftigt sich
mit einem uralten Kreuzworträtsel.

Grün. Blau. Punkt

Sandler: Sch-sch-schön'n guten Tag, m' Herren...

Händler: (blickt gelangweilt von seinem Kreuzworträtsel auf)
Bitte sehr, der ***Herr***, was kann ich für Sie tun?

Sandler: (setzt ein äußerst wichtiges Gesicht auf)
Ich wünsche eine Flasche Rum zu kaufen!

Händler: (löst teilnahmslos sein Rätsel weiter)
60 oder 80 Prozent?

Sandler: (noch viel wichtiger als zuerst)
Die mit den s-zswei **blauen** Punkten!

Händler: (bricht völlig überrascht seine Bleistiftspitze ab)
Was für blaue Punkte? Ich kenn nur den *grünen* Punkt, der ist für recyclingfähige Matrial – Matereri – Martralien !

Sandler: (trieft vor lauter Wichtigkeit)
...nein, nein... das sin' die **blauen** Punkte, die für umweltfreundliches Saufen!

Händler: (total perplex)
Was!?! Gibts das jetzt auch schon? Das hab ich ja noch nie gehört...

Sandler: S'is auch ganzsss einfach: ich sauf solang bis ich so blau bin, dassss ich den ganzsen Dreck um mich herum überhaupst nicht mehr erkennen kann - und all's is in Ordnung! Und damit man gleich allsz dopplet sieht isss der Punkt blau und auch gleich zsweimal da – da !

Der Händler stellt ganz perplex eine Flasche Rum auf die Theke, der Sandler öffnet sie bedächtig während er nach dem Grünen Punkt sucht und nimmt dann genußvoll einen extrem langen Schluck.

Sandler: (rülpst)
...und seit das ganze auch noch staatlich gefördert wird bin ich total in'ensiv umweltbewusssst, guten Tag !!!

Er trinkt die Flasche aus, stellt sie auf die Theke und geht ohne zu bezahlen mit erhobenen Haupt aus dem Laden.
Der Händler starrt ihm mit noch immer offenem Mund nach .....

falsche Mär

„Messer, Gabel,
Scher‘ und Licht
sind für kleine Kinder
nicht !“

Die alten Mär'en in Ehren
ein Tusch auf Wilhelm Busch ...

... doch ohne Scher‘
kriegt der Kleine niemals die Verpackung leer
geschweige denn wird er ein rechter „ESSER“
ohne Gabel und Messer
und das alles sieht er nicht
ohne jedes Licht ....

s'ist ja wohl kein literarisches Wunder,
daß der kleine Struwwelpeter
dabei verhungern mußte,
eher
politischer Zunder,
Pustekuchen.

Folgende „Aussagen“ kennen wir alle.
Als Grund für einen geplatzten Kragen
reichen sie auch allemal aus !

Funk - Auslöser

*** kannst du nicht dein Geschirr mitnehmen wenn du nach dem Essen aufstehst, Eminenz ?

*** dreh doch den Verschluß richtig zu wenn du die Flaschen in den Kühlschrank stellst ..... ich kann dann immer das ekelhafte Zeug ohne Kohlensäure trinken !

*** mußt du überall deine Klamotten in der Wohnung verstreuen?

*** bleib endlich ruhig sitzen und lauf nicht dauernd herum !

*** So kannst du nicht fortgehen , wie sieht denn das aus ?!

*** zieh bitte Hausschuhe an, aus den Löchern in deinen Socken stinkt es schon genug !

*** gib mir die Fernbedienung oder dreh die Glotze ab !

*** rauch doch nicht schon wieder !

*** kannst du vielleicht auch mal einen Handgriff tun ???

*** mußt du dauernd überall hinspucken ?

*** mein Gott, bist du blöd !

*** haben Sie's nicht kleiner ?

*** fahr doch langsamer !

*** zieh endlich eine frische Unterhose an !

*** heb die Füße beim Gehen !

Vor allen Dingen aber:

Red' nicht so einen Unsinn
und laß mir endlich meine Ruhe !!!

Man gewöhnt sich ja bekanntlich an alles mit der Zeit.
Auch daran, daß man manchmal in fremden Betten aufwacht!

Spießrutenlauf

Wie versprochen rief jemand Schlag sechs Uhr „*Taaaagwacheeeee!*"
Was heißt hier rufen - vielmehr wären eine oder mehrere Steigerungsstufen angebracht, wie etwa schreien, brüllen, kreischen oder wie es im Fachjargon hieß: plärren! (doch, die spinnen, die Militärs!) Geplärrte Tagwache, ein Zustand, der sich bis auf wenige Ausnahmen als lautstarke Tradition erwiesen und behauptet hat.

Von da an also, sanft erweckt, durfte man sich bis 7 Uhr 30 pflegen. Ich war zwar keineswegs wasserscheu, jedoch 90 Minuten Frühpflege (inklusive Blechnapffrühstück) waren selbst dem saubersten Waschbären zuviel! (ausschließlich mit Kaltwasser).
Folgedessen empfahl sich mir ein 60-minütiges Erweiterungsschläfchen, sehr zum Nachteil eines - ohne zu klopfen eingetretenen - Dreisternemännchens.
Dieser Herr (er sagte seinen Namen nicht), legte allerdings in keinster Weise unbesonnene Reaktionen in das Zimmerdunkel: zuerst stand er nur körperlich da, öffnete seine Augen bis an die Grenze des Möglichen (wohl um alles genau im Blickfeld zu haben), drehte sein Haupt im Zeitlupentempo von links nach rechts, um es gleich darauf wieder zurückzudrehen; gleichzeitig gelang es ihm, den Mund einladend weit zu öffnen und tief einzuatmen, da ihm das um den Hals geschlungene Tuch Luftmangel zu verursachen schien. Eine beruhigende Stille - allenfalls durch ein paar wohlig grunzende Schlaftöne untermalt - betonte seine scheinbar zufriedene Haltung!

Was er wirklich wollte, vermag rückwirkend niemand mehr so ganz genau festzustellen; jedenfalls schloß er nach einer geradezu artistischen Augenakrobatik leise die Zimmertüre und ward nicht mehr gesehen. Auch im Laufe eines Tages äußerte er keinen seiner Wünsche, nur einige seiner feuchten Blicke schienen auf irgendetwas aufmerksam machen zu wollen - allein ihm fehlten die Worte!

Als ich ihn bei einer allgemeinen Pinkelpause auf der Toilette fragte: *„Warum sind Sie denn heute morgen nicht noch ein bißchen geblieben, wir waren durch das Geschrei ohnehin schon munter ....)*
.... da entschlüpfte ihm ein etwas weinerliches *„Hhmmmm....“* .
Er ratschte seinen Reißverschluß zu - etwas zu früh - verzog gequält das Gesicht und - naja, er flüsterte irgendwelche militärischen Geheimnisse vor sich her, während er auf seiner schönen Kappe herumtrampelte.

Naja, ich dachte, das gehört sich so, nehme mein Käppli ebenfalls ab, werfe es mit *„Hhmmm.....“* auf den Boden und fange gerade zu trampeln an, als der Herr Spieß (wie der Chef hieß) auch mal für „militärische Belange" mußte .... , na und seither höre ich schlecht – er hatte es so eilig daß er nur mehr brüllen konnte.
Da sieht man wieder, was Verteidigung für Schaden anrichten kann!

Die Szene:
In einem kalten, leeren Kaserenflur steht ein alter Holztisch mit zwei Stühlen; auf einem Stuhl sitz der Soldat** „Gefreiter Binder“,* ***sein Kopf liegt auf seinem Armen am Tisch – er schläft. Mit lautem Militärschritt nähert sich der Vorgesetzte „**Fähnrich Aumeier**“. Eine lebhafte Diskussion entsteht zwischen den beiden:

Nachtwache

Gefreiter Binder !

Was is'?

H-e-r-r Ge-frei-ter Bin-der !

Mmh – was is'n los ?

Stehen Sie gefälligst auf wenn ich mit Ihnen rede !

Ich versteh dich auch im Sitzen.

Erstatten Sie Meldung, Wachsoldat !

Jetzt spinnst komplett, was ?

Ge-frei-ter Biiiiiiiiii....!!!!!!

Beruhig dich, Aumeierer, mein Fähnrich, ich hab eh nix zu melden !

Sie Binder-Gefreiter Sie !
Für Sie bin ich immer noch der **Herr Fähnrich Aumeier** und sonst gar nichts, haben Sie sich das endlich kapiert !?!

... hm ..... dummer Mensch mit fünf Buchstaben .....

Biiiiiindaaaaaaaaa...... !!!!!

Was willst denn ???? Wennst weiter so schreist, Aumeier, dann weckst du noch die ganze Kompanie auf - und außerdem bist morgen heiser !

Um sechs Uhr stehen Sie beim Rapport !

Da schlaf ich noch.

Sie Anti-Soldat Sie, Ignorant, Wehrdienstbeleidiger !!!

... du-u, Aumeier, mein Fähnrich, - ???

Ja bitte, Herr Gefreiter Binder ?

Willst auch einen Cognac ?

Biiiiiin – ..... Drei- oder Fünf-Stern ?

Drei-Stern ist ja nur ein gewöhnlicher Zugsführer .... unser vertrottelter Oberst hat in seinem Schreibtisch nur echten Napoleon Cürassier XO stehen, mindestens 25 years old ....mitkommen, Aumeier !

Jawoll, Herr Gefreiter Binder, mitkommen !

So, da hast, Prost ! Ex!

Jawoll, Ex !

Ex !

Ex !

Ex !

Ex !

.... s'geht ja, Ex !

Ausgessseichnet, Gefeierter Binnner, sssss ..... weitermachen !

jawoll, prost, mein Aumeier, Ex !

Ex !

Prossssssssd, Egssss !

Geh, jetsssd schleich dich auf deine Wache und verschdegggg blossss den Konjak ..... aber wehe du saufst alles aus .... das is ein Befehllll !

Jawoll, zu Befehllll: alles aussaufen !

Ich komm jetzsssd alle tssehn Minuten zsum Konterollieren .... abge-treten !

Chrrr – mmh, jawoll abdreh- ....

... un' im Kriegsfall gewinnt immer der mit die meisten Pro - Protsssent .... pfff ....

.... chrrrr, chrrrr..................

Spanien, Urlaub (was sonst?) und Waldi,
der internationale Sprachkenner –
un, dos, tres, ole-ole-ole !

Zählen muß man können

Was heißt denn: Mineralwasser ?

Dos aqua mineral.

Klar, aqua .... und wieso ***dos*** *?*

Naja, wie Dose oder Flasche eben, irgendwo müssen die das Wasser doch reinfüllen – oder willst du es ohne trinken ?

Ah ! Äh, Senor, hallo-holla .... dos aqua mineral please .... dos, grazie, gracias .... wie? No, only one .... wieso gibt der mir jetzt zwei Flaschen, ich hab doch nur eine bestellt ?

Weil ich auch eine davon will !

Und woher weiß er das ???

..... ich hab dann nichts mehr gesagt ....

Die SZENE:
Feiertag. Dorfgasthaus. Reservierter Tisch.
Daran Vater Gopfried, Oma Renate, Mutter Traude
und Schorschi (mein Bruder elterlicherseits, der mitgefahren war, sonst wäre er ja nicht angekommen !).

Wer bestellt was ?

Renate: Geh Schorschi, lies mir die Speisekarte vor ... gibt's einen Schweinsbraten ?

Traude: Also da steht: Brat-huhn, Schnitzel, Kalbs-bra-ten und Gul-asch.

Renate: Gibt's keinen Schweinsbraten ?

Traude: Hab ich einen vorgelesen ???

Gopfried: Extra wegen dir werden die am Feiertag auch noch eine Sau schlachten!

Schorschi: Hätte ich mich nur verfahren .... ich brauch' erst einmal ein riesengroßes Bier!

Der Herr Gastwirt kommt und fragt nach den Getränken.

Renate: Ein kleines Mineralwasser bitte mit einer Zitrone ...... und gibt's keinen Schweinsbraten?

Traude: Nein, ich hab dir doch die Speisekarte vorgelesen !

Renate: Sei ruhig und laß mich auch was sagen: Gibt's heute keinen Schweinsbraten, Herr Wirt, sonst haben sie doch immer einen !?

Noch einmal frägt der Wirt seelenruhig nach den Getränken.

Gopfried und Schorschi: Zwei riesengroße Bier bitte ! !
Traude: Und ich - naja – vielleicht .... ein Achterl Weiß ?
Oder nein, doch lieber ein kleines Bier !
Renate: Ein Mineralwasser, aber ein kleines, mit Zitrone drin............. . . also gibt's jetzt einen Schweinsbraten. . .?

Der Wirt dreht sich kommentarlos um und geht.

Gopfried: Jetzt fragst du aber nicht mehr nach einem Schweinsbraten, viermal reicht !
Renate: Aber man muß doch fragen, ich weiß ja daß die hier immer Schweinsbraten haben, es steht nur nicht auf der Speisekarte.

Der Wirt bringt die Getränke.

Renate: Ich wollte aber ein kleines Mineralwasser...
Traude: Du hast doch ein Achtel, es gibt keine kleineren Gläser!
Renate: Geh, so viel mag ich nicht, kann ich nicht ein halbes Glas haben, Herr Wirt ?
Gopfried: Ist schon in Ordnung, Herr Wirt, die Dame sieht leider sehr schlecht!
Renate: Aber ich ....
Traude: Jetzt sei endlich ruhig sonst kriegst du gar nix !
Renate: Was ist denn jetzt mit meinem Schweinsbraten, gibt's Kartoffelknödel dazu ?

Der Wirt rennt fort und bringt noch einmal die Speisekarte.

Gopfried: Also was willst du jetzt ?
Schorschi: Was nimmst denn du ?
Gopfried: Du bist doch hoffentlich alt genug daß du selbst weißt was du willst, weshalb brauchst du mich dazu ?

Schorschi: Mir bringen's bitte ein Wiener Schnitzel, Herr Wirt !

Traude: Das eß' ich auch.

Gopfried: Also dann drei Schitzel.

Renate: Was eßt ihr denn ?

Traude: Drei Schnitzel, und du ?

Renate: Huhu, jeder drei ? Ich hätte gerne einen ....-

Gopfried: Nein ! Es gibt keinen Schweinsbraten !

Renate: So laß mich doch ausreden, ich will einen Kalbsbraten, oder gibt's den auch nicht, Herr Wirt ?

Traude: Was hab ich denn jetzt bestellt ? Schweinsbraten ?

Gopfried: Du wolltest ein Wiener Schnitzel, aber vielleicht macht der Wirt wegen dir extra Schweinsbraten ?! ?

Traude: Ah - nein - ich nehme doch lieber den Kalbsbraten !

Renate: Wie? Gibt's doch einen Schweinsbraten ? Den nehme ich auch !

Gopfried: Also bringen sie vier Mal Wiener Schnitzel, sonst sitzen wir morgen noch da .

Renate: Wie? Hab ich schon bestellt ? Ich hätte gerne einen ......

.... ***aber das geht dann alles in dem gräßlichen Lärm unter, mit dem der Wirt in die Küche poltert und sämtliche Speisekarten zerfetzt*** **..**

Wie ist das denn bei Ihnen, am Sonntag ?
Zuerst in die Kirche, dann zum Wirt auf ein „Gepflegtes"
und dann nach Hause an den gedeckten Tisch, ja ?
Wie bei uns, ganz schön anstrengend !!!

Der Sonntagsbraten

Wieso mache ich das?
Das frage ich mich seit Jahren, seit Jahrzehnten - ohne die geringste Antwort, jeden Sonntag zum wiederholten Mal !
Am Sonntag kommen sie nämlich alle zusammen, die gesamte Heilige Familie:
Bruder Schorschi (wenn er sich nicht verfährt), Papa Gopfried im Schreiduell mit Oma Renate's Schlechthörigkeit, ihr Freund Lö, Schwester Dorli mit Mutter Traude, meinereins und Frau Berntschlager (am Telefon, falsch verbunden) .
Und wer uns kennt, den wundert da überhaupt nichts mehr.

Renate fängt morgens um halb sieben Uhr an, den Schweinsbraten, das Tischtuch und den gesamten Rest der Küche mit Knoblauch und Kümmel einzuschmieren. Um zehn Uhr erscheint Traude, schüttet als letzten Schliff großzügig den Inhalt eines ganzen Salzstreuers darüber (den Schorschi beim Nachfüllen nicht zugeschraubt hat) und steckt diese Kreation in den Backofen. 50 Grad, damit ja nichts anbrennen kann !

Alle gehen brav in die Kirche, wie das eben so ist: Renate in die vorderste Reihe (neben dem Pfarrer), Traude und Dorli in sicherer Entfernung ganz hinten, Gopfried und ich gleich zum Kirchenwirt, Schorschi verfährt sich wie üblich (meistens bis zum Mittagessen).

Nach der Kirche treffen sich zufällig alle vor der Kirche.
„Wo gehen wir denn ein bißchen hin?" frägt Renate scheinheilig, weil wir sowieso jeden Sonntag nach der Kirche beim gleichen Wirt landen.
Nach ein paar Achterl Wein und einem kleinen Mineralwasser gehen die Frauen dann früher heim , weil sie unbedingt das Mittagessen herrichten wollen.
Ich fahre später mit Gopfried im Auto, wir sind natürlich schneller zu Hause und trinken inzwischen ein Bier. Sogar Schorschi kommt schon:
„Wo wart ihr denn, ich hab euch überall gesucht, ich habe geglaubt ihr geht in die Kirche !?"
Dafür muß er den Tisch decken, natürlich rechts das Messer und links den Kaffeelöffel, zwei Teller zu wenig, dafür drei Salate zuviel und die Schnapsgläser passen auch nicht zum Wein (den sowieso keiner öffnet weil alle Bier trinken). Ich räume dann noch die Suppenteller weg, es gibt ohnehin keine.
„Der Schweinsbraten ist noch nicht ganz fertig ...... wollt ihr lieber Mehl-oder Griesknödel dazu?"
Alle wollen Mehl-, aber Traude mag Griesknödel. Gopfried will wie immer Kartoffel.
So nach und nach sitzt dann jeder endlich am gedeckten Sonntagstisch, die Beilagen (bis auf die Griesknödel) sind fast alle aufgegessen - da kommt Renate mit dem Schweinsbraten angewackelt:
„So, der Schweinsbraten ist auch schon fertig, schön ist er geworden, gell .... ?“

„Warte, ich helfe dir lieber, du siehst ja nicht wohin du die Pfanne ....“
„Nein, nein, ich kann das schon alleine“ – und stellt die Bratenschüssel mitten in die verschmähten Griesknödel hinein, allerdings erst nachdem sie vorher den ganzen guten Bratensaft über den Eßtisch verteilt hat .
Gopfried springt auf und geht, weil er weder Kartoffel noch Mehl- oder Griesknödel, geschweige denn Gurkensalat, sondern nur Fettspritzer auf die Finger bekommen hat .
Der Gurkensalat hat sich innig mit dem Sellerie-, dem Bohnen- und dem Rote-Rüben-Salat vermischt, außerdem will niemand Traudes Griesknödel essen .... „Euch koch ich überhaupt nix mehr !!!“

Tja, und der köstliche Schweinsbraten ist ein wenig sehr trocken so ganz ohne Saft, extra-dry sozusagen !
Renate kichert heimlich vor sich hin und meint:
„Der Saft hat sich vor lauter Schreck in Gopfrieds ungemachtes Bett verzogen, huhu !“
Alles gröhlt, Schorschi spuckt vor Freude seinen Bissen Fleisch in Traudes Misch-Salat und ich gehe jetzt auch, ich habe fertig.

So ist das jeden Sonntag, weil eben Sonntag ist und sich das so gehört bei einem Familienessen.

Mahlzeit, Sie sind herzlichst dazu eingeladen !

70 ist meine Oma Renate, Schorschi ist zirka 30,
also müßte die Jugend um 40 km/h schneller sein.
Aber: typischer Fall von „siehst es, da hast es!“
Und prompt ist es natürlich anders.

Die rasende Renate

Also, normal sollte es ja wirklich genau umgekehrt sein, normal müßten die Senioren aus Ihrer Jugend, aus ihrem Lebensschatz erzählen.

Bei uns ist aber nichts normal.

Schorschi hat Renate eigentlich nur durch die Allee nach Hause begleiten wollen, zumindest probierte er es, aber irgendwie rannte sie so...

Schorschi: *Was rast du denn heute so, mir brennen ja schon die Bremsbeläge?*
Renate: *mmmmmmmmmmmmmmh...!*
Schorschi: *So warte doch ...... ich komm' ja überhaupt nicht mit!*
Renate: *mmmmmmmmmmmmmmmh...!“*
Schorschi: *Geh bitte, renn doch ni ...*
Renate. *mmmh*!
Schorschi: *Jetzt bleib endlich stehen*!
Renate: *Kannst Du nicht schneller gehen?*
Ich muß derart dringend aufs Klo, daß ich gleich...

Schorschi: *Du warst doch grad erst im Kaffeehaus*!

Renate: *Sei ruhig und renn weiter. Gestern hab ich 6 starke Abführtabletten eingenommen, mir tut eh schon alles weh!*

Schorschi rast was seine Blasen hergeben hinter Renate her, da kommt Ihnen eine gute Nachbarin entgegen.

Nachbarin: *Servus grüß dich, Renate! Das ist aber gut, daß ich dich hier treffe, ich muß dich ganz dringend sprechen!*

Renate: *Hab jetzt keine Zeit.*

Nachbarin: *Nur ganz kurz, ich...*

Renate: *Laß mich in Ruh. Wiedersehen.*

Unbeeindruckt rast sie weiter, fliegenden Schrittes dem rettenden Klo entgegen ... da fällt Schoschi die Lösung ein:

Schorschi: *Warum gehst du nicht schnell bei der Nachbarin...?*

Renate: *mmmmmmmmmmmh...*

Schorschi: *Aber das ist doch direkt da!*

Renate: *Geh sei ruhig, was weißt denn du!*

Sie rennt um ihr Leben, Schorschi auf und davon ....

Kurze Zeit später:

Schorschi: Wieso wolltest du denn nicht?

Renate: (hängt völlig erschöpft in ihrem Küchenstuhl)
War sowieso zu spät ....
.... jetzt brauch' ich nur mehr eine riesengroße Badewanne ....!!!

Renate =	*70 Jahre; kleine, sehr dicke Brille; nervöse Dauerwelle; Schürze, sie sieht sehr schlecht, hört nicht gut, ist aber dafür äußerst neugierig*
Waldi =	*30 Jahre, ein kleiner Kompakter, schütteres Haar, Brille und außerdem mein Autoren-Kollege*

Renate - Chronik der ständigen Szenen

Eine große Küche, einiges steht am völlig falschen Platz, Tisch mit 6 Stühlen; Renate sitzt an diesem Tisch und träumt (manchmal laut) vor sich hin.

Es klopft, Renate dreht sich um und schreit:
„Herein ! Hallo, wer ist denn da ?"

Waldi ist bereits eingetreten:
„Ja, grüß Gott, ich bin schon hier ..."
Renate:
„Ach so – haha – du bist das, servus Herr Waldi, ich hab sie gar nicht gesehen !"

Renate will Waldi die Hand geben, stolpert aber vorbei und faßt ihm dabei an die Taille:
„Sagen sie, Herr Waldi, willst du nicht deine Pelzjacke ausziehen, wir haben doch dreißig Grad ...... huhu, oder hab nur ich die ?!"

Waldi zuerst etwas verwirrt, grinst dann aber:
„Das ist mein Sommerpelz, den trage ich immer!"

Renate tastet ihn weiter ab:
„Aber geh – hu – das ist ja dein Bauch ! Du hast ja gar keine Jacke an .... also für so einen jungen Burschen wie sie ..... willst nicht ein bisserl abnehmen, du bist doch so fesch .... iß halt weniger, dann wirst du noch schöner ! Weißt du, einfach den Kopf schütteln wenn's was zu essen gibt, weißt du ?"

Waldi drängt schnellstens zur Tür hinaus:
„Geht jetzt nicht, muß dringend weg - aber so bin ich eben: bildungshungrig, wissensdurstig und unbelehrbar !!!"

*****

Gleiche Küche; Sonja besucht Renate und bringt als Geschenk eine Topfpflanze mit.
Renate tatscht ziemlich brutal daran herum:

„Die ist aber schön, wie heißt denn die ?"
Sonja erklärt ihr:
„Das ist eine Amaryllis!"
Renate versteht Bahnhof:
„Wie ? AMORIS? Geh ...."
Sonja wiederholt sich geduldig:
„Eine A-ma-ryl-lis !"
Umsonst, Renate versteht nur Hauptbahnhof:
„Was issss? Eine Amarille? .... so ein Blödsinn, das gibt es doch gar nicht bei euch in Deutschland, da heißen die doch Aprikosen ! Dann ist das also eine Ein-Aprikosen-Pflanze ... huhu ..... ist aber auch sehr schön!"

Gopfried, Renate's Schwiegersohn, kommt ebenfalls zu Besuch. Er sieht sehr genervt aus, da Renate wieder angefangen hat ihm Löcher in den Bauch zu fragen:

„Sag einmal, Herr Oberst, hast du dort in deinem Militärbüro kein Telefon ?"
Gopfried ist verwundert:
„Doch, schon ...."
„Aber ich kann wähle sooft ich will, ich komme nie durch !"
Gopfried wird bissig:
„Heb den Hörer ab bevor du wählst!"
„Ach, ich glaube die haben dir gar kein Telefon gegeben !"
Gopfried reicht es langsam:
„Ja, leider ...... wir haben nur ein Münztelefon für den Kriegsfall, und das steht am Gang, ein Stockwerk tiefer!"
Renate löchert weiter:
„Und habt ihr jetzt auch diesen Kleinen im Büro, der alles kaputtmacht ?"
Gopfried ist verwirrt:
„Was für Kleinen ? Wir haben nur einen Vizeleutnant, sonst sind alle Oberst oder General !"
„Nein, nein, ich meine den Kleinen. der im Computer sitzt und alles auffrißt !?!"

Renate läuft über den Stadtplatz und frontal in eine Plakatwand hinein:

„Huhu – entschuldigen Sie bitte ! Wissen Sie, ich sehe ja so schlecht .... Sie sind aber wirklich sehr kräftig !"

Renate geht weiter in eine Passage zum Passage-Buchhändler (der zwar sein Geschäft nicht mehr in der Passage hat aber trotzdem r.w.b.s. verkauft !).

Dort wartet schon Gopfried, der Schwiegersohn ohne Schwiegermutter. Sie geht aber an ihm vorbei, auf einen Wasserhydranten zu:

„Du, Gopfried, kenn ich den ? .... der schaut mich so komisch an, der wird doch nichts von mir wollen ?"

Sie geht weiter ins Cafe Piaty, grüßt freundlich die ausgestellten Tortenstücke und frägt höflich den Kleiderständer:

„Ist hier noch frei, junger Mann?"

Sie setzt sich mit einem Danke, kurz darauf kommt ein junges Mädchen dazu.
Renate kramt in der Zeitungsablage, nimmt das Telefonbuch heraus und drückt es dem erstaunten Mädel in die Hand:

„Gibt's was neues? Bitte, junger Mann, könnten Sie mir das ein bisserl vorlesen ?!"

*****

Äh – Fortsetzung folgt mit Sicherheit ....

Renate mit 78 und Lö mit 83 an Jahren
fühlen sich beide wie 55 zusammen -
das führt zwangsläufig zu Jugendsünden!

Die Geburtstags-Unterhose

Die beiden machen einen Stadtbummel, so richtig mit Schaufenster, Kaffeehaus und Torte, zu Fuß gehen und Achterl Rot mit Cognac (extra natürlich);
gerade stehen Renate und Ihr Freund Lö beim Palmers (oder Gazelle, wegen der Konkurrenz) vor der Unterwäsche-Auslage und diskutieren das fällige Geburtstagsgeschenk für Lö:

Renate: Die blaue da passt zu deinem Zustand...
Lö: Geh red net so einen Blödsinn, ich hab doch nur ein Achterl Rot getrunken... du hast ja sogar noch drei Konjak dazu g'habt!
Renate: Ein Achterl reicht ja bei dir, bei mir ist das etwas an deres...
Lö: Dort - die weiße mit -
Renate: Bitte! Wie schaust denn aus damit?! Das ist ja eine Nothose für Bettlägerige!
Lö: Aber so eine hab ich doch...
Renate: Eben, eben!
Lö: Dir paßt auch gar nix!
Renate: Schau, da liegt eine schöne, bunte, die schaut wenigstens flott aus und deine Bremsspuren sieht man auch nicht drauf!

Lö: Also, du bist mir ja eine... schau dir doch die Hosen genau an: die ist mir ja viel zu klein, außerdem geht mir die nur bis zum halben Hintern!

Renate: Was du immer zu meckern hast!
Die gemma jetzt kaufen, aus: zu eng ist die nicht, die paßt sich doch deinem Hintern an; außerdem reicht das eh, wenn sie nur bis zum halben Hintern geht, den Rest kann man sich ja dazudenken...!

Lö: (*......hat sich kommentarlos seinem Schicksal über geben!*)

Urlaubs – Ärger

schon wieder alle Liegestühle
voll besudelt mit herrenlosen Handtüchern
keine Leute
und das um sechs Uhr dreißig karibischer Zeit
wo soll ich jetzt meine hinlegen ???
was sind das bloß für penetrante Menschen
keine Leute
die mit ihrem Reservierungswahn
meine Liegestühle belegen
um sechs Uhr dreißig, da platzt mir doch ......

am letzten Tag, hm,
vier Uhr drei karibischer Zeit
keine Leute
auf, an die Liegen
natürlich schon alles reserviert, aber .....
WEG mit den Handtüchern, weg damit
und ab in den Pool
cooooooool !!!

Hähäh, da fliegt es heim
mein gerächtes Herz in seinem erholten Körper
siehst du, wie sie sich ärgern

keine Leute

Den Gröni kennen Sie, spätestens seit er berühmt ist.
Und auf einmal wollen alle Lieder für ihn schreiben –
ich habe für ihn getextet.
Ob er es auch singt, ist eine andere Frage,
aber wenn er berühmt bleiben will ......

Song für Gröni

Nicht
hör auf
hör endlich auf
Ich wehre mich nicht, auf dem Boden, sehe im nicht ins Gesicht
Nie war es anders, stets hat seine Laune aus mir getränt
Schmal, die Augen zu Boden, bin ich rückwärts getürmt

Hör auf
hör doch endlich auf
nicht, eeeeeeeeeeeeeeeeeeee!

Sein Grinsen brannte Narben in meine Seele
Nächtelang durch seine Worte gequält
Mein Körper war viel zu schwach
hör endlich auf
Konnte nachts meinen Träumen nicht mehr gegenübersteh'n
Keine Achtung mehr vor mir
nur mein Haß ließ mich noch aufrecht leben

eeeeeeeeeeeeeeeeeeee!
Hör auf
So hör doch endlich auf

verdammt der Tag, an dem ich ihn um Hilfe gebeten
Er hat gegrinst, gegrinst
schäbig in mich hinein
verzerrt von Ohr zu Ohr

hör endlich auf
Hör auf, eeeeeeeeeeeeee!
Jetzt reichts
Genug

Aufgestaut mein Wille zur Gewalt, ich spucke aus
Worte nur, doch eisenhart
sein Grinsen friert, er sieht: es reicht
Ist jetzt genug
Zurück sind meine Träume, selbstbewußt
meine Seele frisch erblüht und rosa Haut auf alten Narben
Es geht mir gut
es war genug

Und eingerahmt in mein Tagebuch sein Grinsen

*„So hör doch endlich auf,
hör auf!"*

Doch keine Wut, nur Träume
ist jetzt gut

gleich gültigkeit

wie geht es dir ?

es geht mir gut
                ist o.k.
es geht mir schlecht
                ist o.k.

es geht so
                ist auch o.k.

interessiert ja sowieso niemand
nicht einmal mich
ist alles
gleich
gültig

Ob rot, ob braun, ich liebe alle Frau'n...
Wer das einmal gesungen hat
kann das unmöglich ausprobiert haben!
Ich habe es nämlich versucht, glauben Sie mir,
und es hat mich fast mein ganzes Leben gekostet!

Die Mystik der Haarfarben

Auf schöne Frauen bin ich schon mein ganzes Leben lang hereingefallen:
als Fünfjähriger wollte ich mein Praktikum als Gynäkologe gerade erfolgreich abschließen, da wurde ich durch meine Eltern abrupt unterbrochen. Ich bekam nur Hiebe auf meine vier Backen, die brünette Patientin hingegen Liebkosungen auf zwei Backen.

Von da an mied ich alle Brünetten und hielt mich an feurige Schwarzhaarige. Eine davon (*Name dem Autor bekannt*) liebte ich mit meinen neun Jahren heiß und sinnig und auch sie beteuerte mir überschwenglich ihr Herz (weil sie später Shakespeare lernen wollte wie ich später zu spät erfuhr). Wir hatten eine wahnsinnig wunderbare Sommerzeit, ich durfte sogar mit ihr ins Heu, habe sie darin aber nie wieder gefunden.
Seither meide ich auch die Schwarzen.

Erst mit sechzehn Jahren war ich wieder zu einer echten Liebe fähig, mein Mause-Bärli hatte aschblondes Haar! Für sie war ich der Einzige, sie wollte immerzu nur mit mir, immerzu ..... es war einfach wunderbar!
Bis ich bemerkte, daß sie mir zwar die Wahrheit sagte, allen anderen aber ebenso, und das waren zirka sechs oder sieben Männer im Alter von sechzehn bis neununddreißig.

Ich wollte es einfach nicht glauben - dann sah ich sie zufällig ihr Haar, ihr braunes Haar, färben!
Natürlich, sagte ich mir, natürlich braun! Diese falschen Blonden, mit mir können sie es ja machen, mit mir schon!

Von nun an blieben mir nur noch Rothaarige, Feuer und Flamme, Vulkan und Ekstase! Meine erste Rote (vom Kopf bis zu den - äh - Knien) liebte ich so heiß und feurig, daß ich sogar rote Haare in meinem Schnurrbart bekam. Gottseidank ließ sie sich bald darauf die Haare blond färben und mich sitzen.

Meine zweite Rothaarige liebte mich so wild und innig, daß mir ganz feuerrot vor Augen wurde; ich sah mich schon auf einer roten Klatschmohnwiese sitzen, umzingelt von lauter rotgefärbten Kinderlein!

Mit dreißig bunten Jahren und meiner gesamten Lebenserfahrung traf ich dann endlich die Frau meiner Vorherbestimmung:
Sie hatte eine Glatze und im Kleiderschrank sämtliche Perücken vom bleichen Weiß über Signalpink bis zum ewigen Schwarz. Je nach Lust und Laune konnte ich mich täglich in eine neue Frau verlieben.

Wenn ich das mit meinen fünf Jahren schon gewußt hätte, wäre mich über fünfundzwanzig Jahre länger glücklich gewesen.
So vergeudet der Mann seine kostbare Zeit mit den falschen Frauen, und alles nur wegen der Eitelkeit!

Ich fordere hiermit alle Frauen indringlichst zur Glatze auf, damit endlich auch junge Männer ihr Glück im Leben finden können!

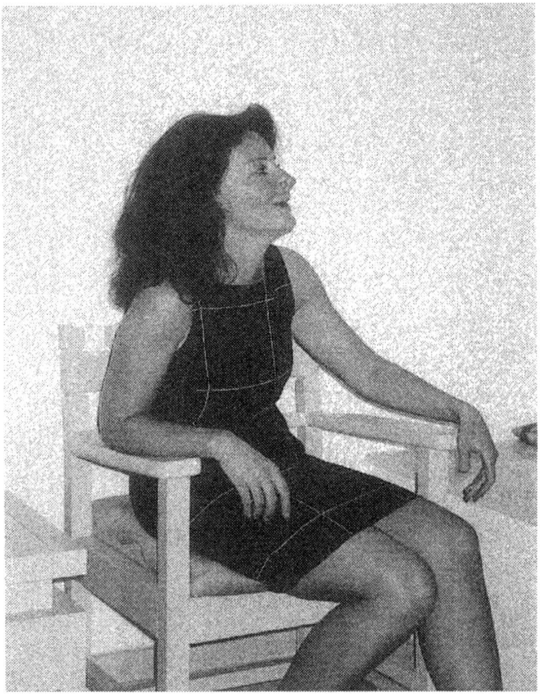

Kein DORNRÖSCHEN-Schlaf

Rapunzel,
Rapunzel,
laß
Dornröschen's
hundert-jährig' Runzel
endlich liften !!!

Welches Prinzel
ist schon hundert Jahr
so müde
um der Auferstehung da zu harren ???

Ent-Haaren,
Ent-Runzeln
ist die Devise
-
wie die
Rapunzel-Wiese
vor hundert Jahren ...

zu letzt but liest ...

... naja, mein Englisch war ja schon immer
etwas verbesserungswürdig;
ich hätte es auch verbessert wenn ich nicht so hurtig
mich verabschieden müßte
denn ich habe noch *werweißwieviele* Überstunden
wenn das die Gewerkschaft wüßte ....
ich hoffe,
jeder hat das gefunden
was ihm selbst schon begegnet ist im Leben,
so isses eben,
so isses Leben,
und die Moral von den Geschichten:

NICHTS kann Sie vernichten !!!

Auf Wieder-Lesen,

r.w.b.s.

rwbsrwbsrwbsrwbsrwbsrwbsrwbsrwbsrwbsrwbsrwbsrwbsrwbsrwbsrwbsrwbsrwbsrwbsrwbsrwbsrwbsrwbs

>>>>>> Was Sie vom

***r.w.b.s.**-Autorenkomitee*

unbedingt noch lesen müssen:

„Rache am Alltag – mörderisch heitere Kurzgeschichten)
(ISBN 3-89009-112-1)
Rarität, da leider bereits vergriffen!

„Der tägliche Wahnsinn – stark angeheiterte Kurzgeschichten"
(ISBN 3-901123-07-5)
*Bestellungen an **www.amazon.de***

„Heitere Weihnachtszeit" - fröhlich-heitere und weitere besinnliche G'schichten
*(ISBN 3-00-005296-8) – **Mini**-Band 14,5 x 10,5*
Bestellungen bitte direkt an die Autoren !

„Lieb mich, Versteh mich" -** kleine Gedichte **für GROSSE HERZEN
(ISBN 3-89811-215-2)
*Bestellungen an **www.libri.de** oder jede Buchhandlung*

„Für die ganz besondere Mutter"
Geschichten und Gedichte zum Schmunzeln, Nachdenken und Träumen ...
(ISBN 3-89811-365-5)
*Bestellungen an **www.libri.de** oder jede Buchhandlung*

„Schönen Urlaub !!!"
Heiterkeiten zum Sich-Fortschmeißen und Nicht-Nachdenken
(ISBN 3-89811-670-0)
*Bestellungen an **www.libri.de** oder jede Buchhandlung*

„Das Übercafe – Die Überfrau"
Der beste Kaffeehausklatsch aller Zeiten !
(ISBN 3-89811-968-8
*Bestellungen an **www.libri.de** oder jede Buchhandlung*

rwbsrwbsrwbsrwbsrwbsrwbsrwbsrwbsrwbsrwbsrwbsrwbsrwbsrwbsrwbsrwbsrwbsrwbsrwbsrwbsrwbsrwbs